大方廣佛華嚴經　寫經

65

1. 『사경본 한글역 대방광불화엄경』은 『독송본 한문·한글역 대방광불화엄경』에 수록된 한글역을 사경하는 데 편의를 도모하기 위해 편집을 달리하여 간행한 것이다.

2. 『독송본 한문·한글역 대방광불화엄경』은 실차난타가 한역(695~699)한 80권 『대방광불화엄경』의 한문 원문과 한글역을 함께 수록한 것이다. 한문 저본은 고종 2년(1865) 월정사에서 인경한 고려대장경 『대방광불화엄경』이다.

3. 한글 번역은 동국역경원에서 발간한 한글 『대방광불화엄경』(운허)을 중심으로 하고 『신화엄경합론』(탄허)과 『대방광불화엄경 강설』(여천무비) 그리고 최근의 여타 번역본 등을 참조하였다.

4. 한글 번역은 독송과 사경을 위하여 정확성과 아울러 가독성을 고려하였다. 극존칭은 부처님과 불경계에 대해서만 사용하였다.

5. 사경본의 차례는 일러두기 → 한글역 본문 → 화엄경 목차 → 간행사이며 80권 『대방광불화엄경』의 권별 목차 순으로 독송본과 함께 간행한다. (법공양판에는 간행사 다음에 간행불사 동참자를 밝혀두었다.)

사경본 한글역

대방광불화엄경 제65권

39. 입법계품 [6]

수미해주

대방광불화엄경 제65권 변상도

대방광불화엄경
제65권

39. 입법계품 [6]

_______________ 은(는) 『대방광불화엄경』을

사경하는 인연공덕으로

『화엄경』이 널리 유통되고

우리 모두 다함께 보리 이루기를 발원하옵니다.

대방광불화엄경

제65권

39. 입법계품 [6]

그때에 선재 동자가 선지식의 처소에서 가장 지극히 존중하는 마음을 내며, 광대하고 청정한 이해를 내어 항상 대승을 생각하며, 부처님 지혜를 오로지 구하여 모든 부처님을 친견하기를 원하였다.

법의 경계를 관찰하되 장애 없는 지혜가 항상 앞에 나타나서 모든 법의 진실한 경계와, 항상 머무르는 경계와, 일체 삼세의 모든 찰나 경계와, 허공과 같은 경계와, 둘이 없는 경계와, 일체 법의 분별없는 경계와, 일체 이치의 장애 없는 경계와, 일체 겁의 무너지지 않는 경계와, 일체 여래의 경계 없는 경계를 결정하여 분명히 알았다.

일체 부처님께 마음이 분별이 없으며, 온갖 생각의 그물을 깨뜨려 모든 집착을 여의었다. 모든 부처님의 대중모임 도량을 취하지 않으며, 또한 부처님의 청정한 국토도 취하지 않으며, 모든 중생들이 다 '나'가 없음을 알며, 일체 소리가 모두 다 메아리와 같음을 알며, 일체 색이 모두 다 그림자와 같음을 알았다.

점차 남쪽으로 가서 사자분신성에 이르러 두루 자행 동녀를 찾았다. 이 동녀는 사자당왕의 딸로서 오백 동녀로 시종을 삼고 비로자나장 궁전에 머물러서, 용 모양의 좋은 전단

나무 발과 금실 그물의 하늘 옷 자리 위에서 미묘한 법을 설한다는 것을 들었다.

선재가 듣고는 왕궁의 문에 나아가 그녀를 보기를 구하다가, 한량없는 대중들이 와서 궁중으로 들어가는 것을 보고 선재가 물었다.

"모든 사람들은 지금 어느 곳으로 갑니까?"

모두 대답하여 말하였다.

"우리는 자행 동녀에게 가서 미묘한 법을 들으려 합니다."

선재 동자가 곧 이 생각을 하기를
'이 왕궁의 문은 이미 제한이 없으
니 나도 또한 마땅히 들어가리라'고
하였다. 선재가 들어가서 비로자나
장 궁전을 보았다.

파려로 땅이 되고, 유리로 기둥이
되고, 금강으로 벽이 되고, 염부단금
으로 담장이 되고, 백천 광명으로 창
호가 되었다. 아승지 마니보배로 장
엄하게 꾸미고, 보장마니 거울로 두
루 장엄하고, 세간에서 최상의 마니
보배로 장식하였다. 수없는 보배 그

물로 그 위를 덮었으며, 백천의 황금 풍경이 미묘한 소리를 내었다.

이와 같은 등 불가사의한 온갖 보배로 장엄하게 꾸며져 있는데, 그 자행 동녀는 피부가 금색이며 눈은 자주색이며 머리카락은 검푸른색이며, 범천의 음성으로 법을 연설하였다.

선재가 보고는 그 발에 정례하며 수없이 돌고 합장하며 앞에 머물러 이와 같은 말을 하였다.

"성자시여, 저는 이미 먼저 아뇩다

라삼먁삼보리심을 내었습니다. 그러나 보살이 어떻게 보살행을 배우며 어떻게 보살도를 닦는지를 알지 못합니다.

제가 들으니 성자께서 잘 능히 가르쳐 주신다고 합니다. 원하오니, 저를 위하여 말씀해 주십시오.”

그때에 자행 동녀가 선재에게 말하였다. “선남자여, 그대는 응당 나의 궁전의 장엄을 보십시오.”

선재가 정례하고 두루 살펴보았다.

날날 벽과 날날 기둥과 날날 거울과 날날 모양과 날날 형상과 날날 마니보배와 날날 장엄거리와 날날 황금 풍경과 날날 보배 나무와 날날 보배 형상과 날날 보배 영락 중에 법계의 일체 여래께서 처음 발심함으로부터 보살행을 닦고, 큰 서원을 원만히 이루고, 공덕을 갖추며, 등정각을 이루고, 미묘한 법륜을 굴리심이 다 나타났으며, 내지 열반에 드심을 나타내 보임을 보았다.

이와 같은 영상이 다 나타나지 않

음이 없는 것이, 마치 깨끗한 물속에 허공의 해와 달과 별들의 있는 바 온갖 물상이 널리 보이는 것과 같았다. 이와 같은 것은 다 자행 동녀의 과거 세 중의 선근의 힘이었다.

이때에 선재 동자가 친견한 모든 부처님의 모습을 기억하며 합장하고 자행 동녀를 우러러보았다.

그때에 동녀가 선재에게 말하였다.

"선남자여, 이것은 반야바라밀의 널리 장엄하는 문이니, 내가 삼십육 항하사의 부처님 처소에서 이 법을

구하여 얻었습니다. 그 모든 여래께
서 각각 다른 문으로써 내가 이 반
야바라밀의 널리 장엄하는 문에 들
어가게 하셨으며, 한 부처님께서 말
씀하신 것은 다른 부처님께서 거듭
설하시지 아니하였습니다.”

선재가 여쭈었다.
“성자시여, 이 반야바라밀의 널리
장엄하는 문의 경계는 어떠합니까?”
동녀가 대답하였다.
“선남자여, 내가 이 반야바라밀의

널리 장엄하는 문에 들어가서 따라 나아가며 사유하고 관찰하며 기억해 지니고 분별할 때에 넓은 문 다라니를 얻었으니, 백만 아승지 다라니문이 모두 다 앞에 나타났습니다.

이른바 부처님 세계 다라니문과, 부처님 다라니문과, 법 다라니문과, 중생 다라니문과, 과거 다라니문과, 미래 다라니문과, 현재 다라니문과, 항상 머무르는 경계 다라니문과, 복덕 다라니문과, 복덕으로 도를 돕는 도구 다라니문입니다.

지혜 다라니문과, 지혜로 도를 돕는 도구 다라니문과, 모든 서원 다라니문과, 모든 서원을 분별하는 다라니문과, 모든 행을 모으는 다라니문과, 청정한 행 다라니문과, 원만한 행 다라니문과, 업 다라니문과, 업이 없어지지 않는 다라니문과, 업이 흐르는 다라니문입니다.

업이 짓는 바 다라니문과, 나쁜 업을 버리어 여의는 다라니문과, 바른 업을 닦아 익히는 다라니문과, 업이 자재한 다라니문과, 착한 행 다라니문과, 착한 행을 지니는 다라니문과, 삼매 다라니문과, 삼매를 따르는 다라니문과, 삼매를 관찰하는 다라니문과, 삼매의 경계 다라니문입니다.

삼매에서 일어나는 다라니문과, 신통 다라니문과, 마음바다 다라니문과, 갖가지 마음 다라니문과, 곧은 마음 다라니문과, 마음 빽빽한 숲을 비추는 다라니문과, 마음을 조복하여 청정케 하는 다라니문과, 중생의 태어나는 곳을 아는 다라니문과, 중생의 번뇌 행을 아는 다라니문과, 번뇌 습기를 아는 다라니문입니다.

번뇌의 방편을 아는 다라니문과, 중생의 이해를 아는 다라니문과, 중생의 행을 아는 다라니문과, 중생의 행이 같지 않음을 아는 다라니문과, 중생의 성품을 아는 다라니문과, 중생의 하고자 함을 아는 다라니문과, 중생의 생각을 아는 다라니문과, 시방을 널리 보는 다라니문과, 법을 설하는 다라니문과, 대비 다라니문입니다.

대자 다라니문과, 적정 다라니문

과, 언어의 길 다라니문과, 방편과
방편 아닌 다라니문과, 따라 주는
다라니문과, 차별한 다라니문과, 널
리 들어가는 다라니문과, 걸림 없는
경계 다라니문과, 널리 두루하는 다
라니문과, 부처님 법 다라니문입니
다.

보살법 다라니문과, 성문법 다라
니문과, 독각법 다라니문과, 세간법
다라니문과, 세계가 이루어지는 다
라니문과, 세계가 무너지는 다라니
문과, 세계가 머무르는 다라니문과,

깨끗한 세계 다라니문과, 더러운 세계 다라니문입니다.

더러운 세계에 깨끗함을 나타내는 다라니문과, 깨끗한 세계에 더러움을 나타내는 다라니문과, 순전히 더러운 세계 다라니문과, 순전히 깨끗한 세계 다라니문과, 평탄한 세계 다라니문과, 평탄하지 않은 세계 다라니문과, 엎어진 세계 다라니문과, 인다라망 세계 다라니문과, 세계가 구르는 다라니문과, 생각을 의지해서 머무름을 아는 다라니문입니다.

미세한 것이 거친 것에 들어가는 다
라니문과, 거친 것이 미세한 것에 들
어가는 다라니문과, 모든 부처님을
친견하는 다라니문과, 부처님 몸을
분별하는 다라니문과, 부처님의 광명
으로 장엄하는 그물 다라니문과, 부
처님의 원만한 음성 다라니문과, 부
처님의 법륜 다라니문과, 부처님의
법륜을 성취하는 다라니문입니다.

차별한 부처님의 법륜 다라니문과,
차별이 없는 부처님의 법륜 다라니
문과, 부처님의 법륜을 해석하는 다

라니문과, 부처님의 법륜을 굴리는 다라니문과, 능히 불사를 짓는 다라니문과, 부처님의 대중모임을 분별하는 다라니문과, 부처님의 대중모임바다에 들어가는 다라니문과, 부처님의 힘을 널리 비추는 다라니문입니다.

모든 부처님의 삼매 다라니문과, 모든 부처님의 삼매가 자재한 작용 다라니문과, 모든 부처님의 머무르시는 바 다라니문과, 모든 부처님의 지니시는 바 다라니문과, 모든 부처님의 변화하시는 다라니문과, 부처님의 중생 마음 행을 아시는 다라니문과, 모든 부처님의 신통으로 변해 나타나는 다라니문과, 도솔천궁에 머무르시며 내지 열반에 드심을 나타내 보이는 다라니문입니다.

　한량없는 중생을 이익케 하는 다라니문과, 매우 깊은 법에 들어가는 다라니문과, 미묘한 법에 들어가는 다라니문과, 보리심 다라니문과, 보리심을 일으키는 다라니문과, 보리심을 돕는 다라니문과, 모든 서원 다라니문과, 모든 행 다라니문입니다.

신통 다라니문과, 벗어나는 다라니문과, 총지의 청정한 다라니문과, 지혜 바퀴의 청정한 다라니문과, 지혜가 청정한 다라니문과, 보리가 한량없는 다라니문과, 자기 마음이 청정한 다라니문입니다.

선남자여, 나는 오직 이 반야바라밀의 널리 장엄하는 문만 압니다. 저 모든 보살마하살들은 그 마음이 광대하여 허공계와 같으며, 법계에 들

어가 복덕을 원만히 이루며, 출세간
법에 머물러 세간의 행을 멀리하며,
지혜의 눈이 가림이 없어 법계를 널
리 관찰하며, 지혜의 마음이 광대하
여 마치 허공과 같습니다.

　일체 경계를 모두 다 밝게 보며, 걸
림 없는 지위의 큰 광명장을 얻으며,
일체 법과 뜻을 잘 능히 분별하며, 세
간의 행을 행하되 세간의 법에 물들
지 않으며, 능히 세상을 이익하게 하
되 세상을 무너뜨린 것이 아닙니다.

　널리 일체 세간의 의지가 되며, 일

체 중생의 마음 행을 널리 알며, 그 응할 바를 따라서 법을 설하며, 일체 때에 항상 자재함을 얻습니다. 그러나 내가 어떻게 그 공덕의 행을 능히 알며 능히 말하겠습니까?

선남자여, 여기서 남방에 한 나라가 있으니 이름이 ‘삼안’이고, 거기에 비구가 있으니 이름이 ‘선견’입니다. 그대는 그에게 가서 ‘보살이 어떻게 보살행을 배우며 보살도를 닦습니까?’라고 물으십시오.”

그때에 선재 동자가 그 발에 정례
하고 수없이 돌며 사모하여 우러러
보면서 하직하고 떠나갔다.

이때에 선재 동자가 보살의 머무
르는 바 행이 매우 깊음을 사유하며,
보살의 증득한 법이 매우 깊음을 사
유하며, 보살의 들어간 곳이 매우 깊
음을 사유하며, 중생의 미세한 지혜
가 매우 깊음을 사유하였다.

세간이 생각을 의지하여 머무름이

매우 깊음을 사유하며, 중생의 짓는 바 행이 매우 깊음을 사유하며, 중생 마음의 흐름이 매우 깊음을 사유하며, 중생이 빛그림자와 같음이 매우 깊음을 사유하였다.

중생의 이름이 매우 깊음을 사유하며, 중생의 말이 매우 깊음을 사유하며, 장엄 법계가 매우 깊음을 사유하며, 업과 행을 심음이 매우 깊음을 사유하며, 업으로 장식한 세간이 매우 깊음을 사유하며 점차 유행하였다.

삼안국에 이르러서 도성과 마을과 시골과 저자와 내와 평원과 산골짜기의 일체 모든 곳에서 선견 비구를 두루 찾다가, 숲속에서 경행하며 갔다 왔다 하는 것을 보았다.

젊은 나이 용모가 아름답고 단정함이 즐거워할 만하며, 그 머리털이 검푸르고 오른쪽으로 돌아 어지럽지 아니하며, 정수리에는 육계가 있으며, 피부는 금빛이며, 목의 문양이 세 줄이며, 이마는 넓고 반듯하였다.

눈은 길고 넓어 청련화와 같으며, 입술은 붉고 깨끗하여 빈바 열매와 같으며, 가슴에는 만(卍) 자가 표시되어 있으며, 일곱 곳이 평평하고 원만하며, 그 팔은 가늘고 길며, 그 손가락에는 그물막이 있으며, 손바닥과 발바닥에는 금강 바퀴 금이 있었다.

그 몸이 수승하고 미묘함이 정거천과 같으며, 위와 아래가 단정하고 곧은 것이 니구타 나무와 같으며, 모든 모습이 따라서 좋은 것이 모두 다 원만하여 설산왕의 갖가지로 꾸민 것과 같으며, 눈이 보되 깜빡이지 않고 둥근 광명이 한 길이었다.

지혜가 넓고 넓음이 마치 큰 바다와 같으며, 모든 경계에 마음이 흔들리는 바가 없으며, 잠기고 일어남과 지혜와 지혜 아님의 움직여 변함과 부질없는 말이 일체 다 쉬었으며, 부처님께서 행하시던 평등한 경계를 얻었다.

대비로 일체 중생을 교화하여 마음이 잠깐도 떠나지 않으며, 일체 중생을 이익하고 즐겁게 하려 하며, 여래의 법의 눈을 열어 보이려 하며, 여래의 행하시던 길을 밟기 위하여, 느리지도 않고 빠르지도 않게 자세히 살피며 경행하였다.

한량없는 천신과 용과 야차와 건달바와 아수라와 가루라와 긴나라와 마후라가와 제석과 범천과 호세사천왕과 사람과 사람 아닌 이들이 앞뒤로 둘러쌌고, 방위 맡은 신이 방위를 따라 돌아서서 그 앞을 인도하였다.

발로 다니는 모든 신들이 보배 연

꽃을 가지고 그 발을 받들며, 다함 없는 광명신이 빛을 내어 어둠을 깨뜨리며, 염부당 숲신이 온갖 여러 가지 꽃을 비내리며, 부동장 땅신이 모든 보배 창고를 나타내었다.

넓은 광명의 허공신이 허공을 장엄하며, 덕을 성취한 바다신이 마니보배를 비내리며, 더러움 없는 창고 수미산신이 엎드려 예경하여 몸을 굽혀 합장하며, 걸림 없는 힘의 바람신이 미묘하고 향기로운 꽃을 비내렸다.

춘화 밤 맑은 신이 그 몸을 장엄하고 온몸을 땅에 엎드리며, 항상 깨어 있는 낮 맑은 신이 모든 방소를 널리 비추는 마니 깃대를 들고 허공에 머물러 있으면서 큰 광명을 놓았다.

이때에 선재 동자가 비구 처소에 나아가 그 발에 정례하며 몸을 굽혀 합장하고 여쭈었다.

"성자시여, 저는 이미 먼저 아뇩다라삼먁삼보리심을 내어서 보살행을 구합니다. 제가 들으니 성자께서 모든 보살도를 잘 능히 열어 보여 주신

다고 합니다. 원하오니, 저를 위하여 말씀해 주십시오. 보살이 어떻게 보살행을 배우며 어떻게 보살도를 닦습니까?”

선견이 대답하였다.
“선남자여, 나는 나이가 젊으며 출가한 지도 오래되지 않으나, 나는 이 생에 삼십팔 항하사 부처님 처소에서 범행을 깨끗이 닦았습니다.
혹 어떤 부처님 처소에서는 하룻낮 하룻밤 동안 범행을 깨끗이 닦았고,

혹 어떤 부처님 처소에서는 칠일 칠야 동안 법행을 깨끗이 닦았습니다.

혹 어떤 부처님 처소에서는 반달과, 한 달과, 일 년과, 백 년과, 만 년과, 억 년과, 나유타 년과, 내지 말할 수 없이 말할 수 없는 년과, 혹 한 소겁과, 혹 반 대겁과, 혹 한 대겁과, 혹 백 대겁과, 내지 말할 수 없이 말할 수 없는 대겁 동안 미묘한 법을 듣고 그 가르침을 받아 행하며, 모든 서원을 장엄하고, 증득할 곳에 들어가며, 모든 행을 깨끗이 닦아서, 여섯

가지 바라밀바다를 만족하였습니다.

또 그 부처님께서 도를 이루고 법을 설하심이 각각 차별하되 섞이어 어지럽지 아니함과, 남기신 가르침을 머물러 지님과, 내지 멸진하심을 보았습니다.

또 그 부처님께서 본래 일으키신 원이 삼매와 서원의 힘으로 일체 모든 부처님 국토를 깨끗이 장엄하며, 일체 행에 들어가는 삼매의 힘으로 일체 모든 보살행을 깨끗이 닦으며, 보현 수레의 벗어나는 힘으로 일체 부처님의 바라밀을 청정케 하심을 알았습니다.

또 선남자여, 내가 경행할 때에 한 생각 동안에 일체 시방이 모두 다 앞에 나타났으니, 지혜가 청정한 까닭입니다.

한 생각 동안에 일체 세계가 모두 다 앞에 나타났으니, 말할 수 없이 말할 수 없는 세계를 지나간 까닭입니다.

한 생각 동안에 말할 수 없이 말할 수 없는 부처님 세계가 모두 다 깨끗이 장엄되었으니, 큰 원력을 성취한 까닭입니다.

한 생각 동안에 말할 수 없이 말할 수 없는 중생의 차별한 행이 모두 다 앞에 나타났으니, 십력의 지혜를 만족한 까닭입니다.

한 생각 동안에 말할 수 없이 말할 수 없는 모든 부처님의 청정한 몸이 모두 다 앞에 나타났으니, 보현의 행과 원의 힘을 성취한 까닭입니다.

한 생각 동안에 말할 수 없이 말할 수 없는 부처님 세계 미진수의 여래께 공경하고 공양올렸으니, 부드러운 마음으로 여래께 공양올리는 원력을 성취한 까닭입니다.

한 생각 동안에 말할 수 없이 말할 수 없는 여래의 법을 받았으니, 아승지의 차별한 법을 증득하여 법륜을 머물러 지니는 다라니의 힘을 얻은 까닭입니다.

한 생각 동안에 말할 수 없이 말할 수 없는 보살행바다가 모두 다 앞에 나타났으니, 능히 일체 행을 깨끗이 하여 인다라망과 같은 원력을 얻은 까닭입니다.

한 생각 동안에 말할 수 없이 말할 수 없는 모든 삼매바다가 모두 다 앞에 나타났으니, 한 삼매문에서 일체 삼매문에 들어가 다 청정케 하는 원력을 얻은 까닭입니다.

한 생각 동안에 말할 수 없이 말할 수 없는 모든 근바다가 모두 다 앞에 나타났으니, 모든 근의 경계를 밝게 알고 한 근에서 일체 근을 보는 원력을 얻은 까닭입니다.

한 생각 동안에 말할 수 없이 말할

수 없는 부처님 세계 미진수의 시간
이 모두 다 앞에 나타났으니, 일체
시간에 법륜을 굴려서 중생계가 다
하되 법륜이 다함없는 원력을 얻은
까닭입니다.

　한 생각 동안에 말할 수 없이 말할
수 없는 일체 삼세바다가 모두 다 앞
에 나타났으니, 일체 세계에서 일체
삼세의 나뉘는 지위를 분명히 아는
지혜 광명과 원력을 얻은 까닭입니
다.

선남자여, 나는 오직 이 보살이 수순하는 등불의 해탈문만 압니다. 저 모든 보살마하살들은 금강등불과 같아서 여래의 집에 참되고 바르게 태어나서 죽지 않는 목숨을 구족하게 성취하며, 항상 지혜의 등불을 켜서 다하여 꺼짐이 없습니다.

그 몸이 견고하여 무너뜨릴 수 없으며, 환과 같은 색상의 몸을 나타내되 마치 인연으로 생기는 법이 한량없이 차별함과 같으며, 중생 마음을 따라 각각 나타내 보이되 형상과 색상이 세상에 짝할 것이 없습니다.

독과 칼과 화재로 해칠 수 없는 것이며, 금강산과 같아서 능히 파괴할 자가 없으며, 일체 모든 마와 외도를 항복 받으며, 그 몸이 미묘하고 아름다움이 진금산과 같아서 천신과 인간 중에 가장 특수하며, 명칭이 광대하여 들어 알지 못한 이가 없습니다.

모든 세간을 보되 다 눈앞에 대한 듯하며, 깊은 법장을 연설함이 바다가 다함없음과 같으며, 큰 광명을 놓아 시방을 널리 비춥니다. 만약 보는 자가 있으면 반드시 일체 장애의 큰 산을 무너뜨리며, 반드시 일체 착하지 못한 근본을 뽑으며, 반드시 광대한 선근을 심게 합니다.

이와 같은 사람은 보기도 어렵고 세상에 나기도 어렵습니다. 내가 어떻게 그 공덕의 행을 능히 알며 능히 말하겠습니까?

선남자여, 여기서 남방에 한 국토가 있으니 이름이 '명문'이고, 물가에 한 동자가 있으니 이름이 '자재

주'입니다. 그대는 그에게 가서 '보
살이 어떻게 보살행을 배우며 보살
도를 닦습니까?'라고 물으십시오."

그때에 선재 동자가 보살의 용맹하
고 청정한 행에 끝까지 이르려 하며,
보살의 큰 힘과 광명을 얻으려 하며,
보살의 이길 이 없고 다함없는 모든
공덕행을 닦으려 하며, 보살의 견고
한 큰 서원을 만족하려 하며, 보살의
광대하고 깊은 마음을 이루려 하며,
보살의 한량없는 수승한 행을 지니

려 하였다.

보살의 법에 마음이 만족해 싫어함
이 없으며, 일체 보살의 공덕에 들기
를 원하며, 항상 일체 중생을 거두어
인도하고자 하며, 생사의 빽빽한 숲
과 광야에서 벗어나고자 하며, 선지
식을 항상 즐겨 보고 듣고 받들어 섬
기고 공양하되 싫어하거나 게으름이
없어서, 그 발에 정례하고 한량없이
돌며 은근히 우러러보면서 하직하고
떠났다.

이때에 선재 동자가 선견 비구의 가르침을 받고는 기억하고 외워 지니며 사유하고 닦아 익혀서 명료하게 결정하여 그 법문에 깨달아 들어갔다.

천신과 용과 야차와 건달바 대중들에게 앞뒤로 둘러싸여 명문국으로 향하면서 자재주 동자를 두루 찾았다.

이때에 천신과 용과 건달바들이 있어 허공에서 선재에게 말하기를 "선남자여, 지금 이 동자는 물가에 있습니다.”라고 하였다.

그때에 선재가 곧 그곳에 나아가 이 동자를 보니, 십천 동자들에게 함께 둘러싸여 모래를 모아 놓고 있었다. 선재가 친견하고는 그 발에 정례하며 한량없이 돌고 합장하고 공경하며 한쪽으로 물러나 머무르며 여쭈었다.

“성자시여, 저는 이미 먼저 아뇩다라삼먁삼보리심을 내었습니다. 그러나 보살이 어떻게 보살행을 배우며 어떻게 보살도를 닦는지를 알지 못합니다. 원하오니, 해설해 주십시오.”

자재주가 말하였다.
“선남자여, 나는 옛적에 일찍이 문수사리 동자의 처소에서 글씨와 수학과 산수와 결인 등의 법을 닦아 배워서 곧 일체 공교한 신통과 지혜의 법문에 깨달아 들어가게 되었습니다.

선남자여, 나는 이 법문을 인한 까

닭으로 세간의 글씨와 수학과 산수
와 결인과 계와 처 등의 법을 알게
되었습니다.

또 풍병과 간질과 소갈과 귀신이
불은, 이와 같은 있는 바 일체 모든
병을 능히 치료합니다.

또 성읍과 마을과 동산과 누각과
궁전과 가옥의 갖가지를 모든 곳에
능히 세우며, 또 갖가지 선약을 잘
조련하며, 또 농업과 상업의 일체 모
든 업을 잘 경영하며, 취하고 버리고
나아가고 물러남에 다 그 적당함을

얻었습니다.

또 중생들의 몸 모습의, 선을 짓고 악을 지음에 마땅히 착한 갈래에 태어나고 마땅히 나쁜 갈래에 태어남과, 이 사람은 응당 성문승의 도를 얻음과, 이 사람은 응당 연각승의 도를 얻음과, 이 사람은 응당 일체지의 경지에 들어감을 잘 분별해 알아서, 이와 같은 등의 일을 모두 다 능히 압니다.

또 중생들이 이 법을 배우고 익혀서 증장하고 결정하여 끝까지 청정하게 합니다.

선남자여, 나는 또 보살의 계산하는 법을 능히 알았습니다. 이른바 일백 낙차가 한 구지가 되며, 구지씩 구지가 한 아유다가 되며, 아유다씩 아유다가 한 나유타가 되며, 나유타씩 나유타가 한 빈바라가 되며, 빈바라씩 빈바라가 한 긍갈라가 됩니다.

널리 말하여 내지 우발라씩 우발라가 한 파두마가 되며, 파두마씩 파두마가 한 승지가 되며, 승지씩

승지가 한 취가 되며, 취씩 취가 한 유가 되며, 유씩 유가 한 무수가 되며, 무수씩 무수가 한 무수 제곱이 되며, 무수 제곱씩 무수 제곱이 한 무량이 됩니다.

무량씩 무량이 한 무량 제곱이 되며, 무량 제곱씩 무량 제곱이 한 무변이 되며, 무변씩 무변이 한 무변 제곱이 되며, 무변 제곱씩 무변 제곱이 한 무등이 됩니다.

무등씩 무등이 한 무등 제곱이 되며, 무등 제곱씩 무등 제곱이 한 셀 수 없음이 됩니다.

셀 수 없음씩 셀 수 없음이 한 셀 수 없음 제곱이 되며, 셀 수 없음 제곱씩 셀 수 없음 제곱이 한 일컬을 수 없음이 됩니다.

일컬을 수 없음씩 일컬을 수 없음이 한 일컬을 수 없음 제곱이 되며, 일컬을 수 없음 제곱씩 일컬을 수 없음 제곱이 한 생각할 수 없음이 됩니다.

생각할 수 없음씩 생각할 수 없음이 한 생각할 수 없음 제곱이 되며,

생각할 수 없음 제곱씩 생각할 수 없음 제곱이 한 헤아릴 수 없음이 됩니다.

헤아릴 수 없음씩 헤아릴 수 없음이 한 헤아릴 수 없음 제곱이 되며, 헤아릴 수 없음 제곱씩 헤아릴 수 없음 제곱이 한 말할 수 없음이 됩니다.

말할 수 없음씩 말할 수 없음이 한 말할 수 없음 제곱이 되며, 말할 수 없음 제곱씩 말할 수 없음 제곱이 한 말할 수 없이 말할 수 없음이 됩니다. 이것은 또 말할 수 없이 말할 수 없음이 한 말할 수 없이 말할 수 없음 제곱이 됩니다.

선남자여, 나는 이 보살의 계산하는 법으로 한량없는 유순의 광대한 모래 더미를 계산하여 그 안 알맹이의 많고 적음을 모두 압니다.

또 동방에 있는 바 일체 세계의 갖가지 차별과 차례로 편안히 머무름을 능히 계산해 알며, 남방과 서방과 북방과 네 간방과 상방과 하방도 또한 다시 이와 같습니다.

또 시방에 있는 바 일체 세계의 넓
고 좁고 크고 작음과 그리고 이름을
능히 계산해 알아서, 그 가운데 있
는 바 일체 겁의 이름과 일체 부처님
의 명호와 일체 법의 이름과 일체 중
생의 이름과 일체 업의 이름과 일체
보살의 이름과 일체 진리의 이름을
모두 다 분명히 압니다.

선남자여, 나는 오직 이 일체 공교
한 큰 신통과 지혜 광명의 법문만 압
니다. 저 모든 보살마하살들은 일체

모든 중생들의 수효를 능히 알며, 일
체 모든 법의 품류의 수효를 능히 알
며, 일체 모든 법의 차별의 수효를 능
히 압니다.

일체 삼세의 수효를 능히 알며, 일
체 중생 이름의 수효를 능히 알며,
일체 모든 법의 이름의 수효를 능히
알며, 일체 모든 여래의 수효를 능히
알며, 일체 모든 부처님 명호의 수효
를 능히 알며, 일체 모든 보살들의
수효를 능히 알며, 일체 보살 이름의
수효를 능히 압니다.

그러나 내가 어떻게 그 공덕을 능히 말하며, 그 행하는 바를 보이며, 그 경계를 드러내며, 그 수승한 힘을 찬탄하며, 그 욕락을 말하며, 그 도를 돕는 것을 펼치며, 그 큰 원을 드러내며, 그 미묘한 행을 찬탄하며, 그 모든 바라밀을 열어 보이며, 그 청정함을 펼치며, 그 수승한 지혜의 광명을 드러내겠습니까?

선남자여, 여기서 남방에 한 큰 성이 있으니 이름이 '해주'이고, 우바이가 있으니 이름이 '구족'입니다. 그대는 그에게 가서 '보살이 어떻게 보살행을 배우며 보살도를 닦습니까?'라고 물으십시오."

그때에 선재 동자가 이 말을 듣고는 온몸의 털이 곤두서며 기뻐 높이 뛰었다. 희유한 믿고 좋아하는 보배 마음을 얻고, 광대하게 중생을 이익하게 하는 마음을 성취하며, 일체 모든 부처님께서 출현하시는 차례를 모두 능히 분명하게 보았다.

매우 깊은 지혜와 청정한 법륜을 모두 능히 통달하며, 일체 갈래에 모두 따라서 몸을 나타내며, 삼세의 평등한 경계를 밝게 알며, 다함없는 공덕의 큰 바다를 내며, 큰 지혜의 자재한 광명을 놓으며, 삼유의 성에 있는 바 빗장을 열어서, 그 발에 정례하고 한량없이 돌며 은근히 우러러보면서 하직하고 떠났다.

이때에 선재 동자가 선지식의 가르

침이 마치 큰 바다와 같아서 큰 구
름비를 받되 만족해 싫어함이 없음
을 관찰하고 사유해서 이 생각을 하
여 말하였다.

'선지식의 가르침은 마치 봄날과
같아서 일체 착한 법의 뿌리와 싹이
나서 자라게 하며, 선지식의 가르침
은 마치 보름달과 같아서 무릇 비침
이 이르는 곳에 다 청량하게 하며,
선지식의 가르침은 마치 여름의 설
산과 같아서 일체 모든 짐승들의 더
위와 갈증을 능히 없애 준다.

선지식의 가르침은 아름다운 연못
의 해와 같아서 일체 착한 마음의 연
꽃을 능히 피우며, 선지식의 가르침
은 큰 보배 섬과 같아서 갖가지 법의
보배로 그 마음을 가득히 하며, 선지
식의 가르침은 염부 나무와 같아서
일체 복과 지혜의 꽃과 열매를 쌓아
모은다.

선지식의 가르침은 큰 용왕과 같
아서 허공에서 자재하게 유희하며,
선지식의 가르침은 수미산과 같아서
한량없는 선한 법의 삼십삼천이 그

가운데 머무르며, 선지식의 가르침은 마치 제석과 같아서 대중모임이 둘러싸는 것을 덮어 가릴 수 없고 능히 다른 길의 아수라 군대들을 항복받는다.'

이와 같이 사유하며 점차 유행하였다.

해주성에 이르러 곳곳에서 이 우바이를 찾았다. 그때에 그 많은 사람들이 다 그에게 말하기를 "선남자여, 이 우바이는 이 성 가운데 있는 집안에 있습니다."라고 하였다.

선재가 듣고는 곧 그 문에 나아가 합장하고 섰다. 그 집은 넓고 넓으며 갖가지로 장엄되었고, 온갖 보배 담장이 두루 둘러쌌으며 사면에는 다 보배로 장엄한 문이 있었다.

선재가 들어가서는 우바이가 보배 자리에 앉아 있음을 보았다. 젊은 나이에 피부가 좋고, 단정하여 기뻐할 만하며, 소복에 머리카락을 드리웠고, 몸에 영락은 없으나 그 몸의 색상과 위덕의 광명이 불보살을 제외하고 다른 이는 미칠 수 없었다.

그 집안에 십억의 자리가 펼쳐져 있는데 인간과 천상의 일체 있는 것보다 뛰어났으니 모두 보살의 업력으로 이루어진 것이다. 집안에는 의복과 음식과 그 밖의 일체 살림살이의 물건은 없고, 다만 그 앞에 조그만 그릇 하나를 놓아두었다.

또 일만의 동녀들이 둘러싸고 있었으니 위의와 색상이 천상의 채녀들과 같고, 미묘한 보배 장엄거리로 그 몸을 장식하고, 음성이 아름답고 미묘하여 듣는 자가 기뻐하였다. 항상 좌우에서 친근하고 우러러보아 사유하고 관찰하며, 몸을 굽히고 머리를 숙이며 그 가르침에 응하였다.

그 모든 동녀들의 몸에서는 미묘한 향기가 나서 일체에 널리 풍기니, 만약 어떤 중생이 이 향기를 맡는 자는 다 물러나지 아니하여 성내고 해치려는 마음이 없고, 원한을 맺는 마음이 없으며, 아끼고 질투하는 마음이 없고, 아첨하고 속이는 마음이 없으며, 험하고 굽은 마음이 없고, 미워하고 사랑하는 마음이 없으며, 성

내는 마음이 없고, 하열한 마음이 없
으며, 뽐내고 거만한 마음도 없었다.
평등한 마음을 내며, 큰 자애의 마음
을 일으키며, 이익하게 하는 마음을
내며, 계율과 위의의 마음에 머물러,
탐하여 구하는 마음을 여의었다.

그 음성을 듣는 자는 기뻐 높이 뛰
며, 그 몸을 보는 자는 모두 탐하여
물듦을 여의었다.

그때에 선재가 이미 구족 우바이를
보고는 그 발에 정례하며 공경하고
두루 돌며 합장하고 서서 여쭈었다.

"성자시여, 저는 이미 먼저 아뇩다
라삼먁삼보리심을 내었으나, 보살이
어떻게 보살행을 배우며 어떻게 보살
도를 닦는지를 알지 못합니다. 제가
들으니 성자께서 잘 능히 가르쳐 주
신다고 합니다. 원하오니, 저를 위하
여 말씀해 주십시오."

그녀가 곧 말하였다.

"선남자여, 나는 보살의 다함없는
복덕장 해탈문을 얻어서, 능히 이와
같은 한 조그만 그릇에서도 모든 중

생들의 갖가지 욕락을 따라 갖가지 맛좋은 음식을 내어 모두 충만하게 합니다.

가령 백 중생과 천 중생과 백천 중생과 억 중생과 백억 중생과 천억 중생과 백천억 나유타 중생과 내지 말할 수 없이 말할 수 없는 중생과, 가령 염부제 미진수의 중생과 한 사천하 미진수의 중생과 소천 세계와 중천 세계와 대천 세계와 내지 말할 수 없이 말할 수 없는 부처님 세계 미진수의 중생과, 가령 시방세계의 일체 중생이라도 그 욕락을 따라 모두 충만하게 하되 그 음식은 끝까지 다함이 없고 또한 줄어들지도 않습니다.

음식과 같이 이와 같은 갖가지 상품의 맛과 갖가지 평상과 갖가지 의복과 갖가지 와구와 갖가지 수레와 갖가지 꽃과 갖가지 화만과 갖가지 향과 갖가지 바르는 향과 갖가지 사르는 향과 갖가지 가루향과 갖가지 진귀한 보배와 갖가지 영락과 갖가지 깃대와 갖가지 깃발과 갖가지 일산과 갖가지 가장 미묘한 살림살이의 도구들도 좋아하는 바 뜻을 따라 모두 충족하게 합니다.

또 선남자여, 가령 동방의 한 세계 중의 성문이나 독각이라도 나의 음식을 먹으면 모두 성문이나 벽지불과를 증득하여 가장 마지막 몸에 머무릅니다.

한 세계 중과 같아서 이와 같이 백 세계와 천 세계와 백천 세계와 억 세계와 백억 세계와 천억 세계와 백천억 세계와 백천억 나유타 세계와 염부제 미진수의 세계와 한 사천하 미진수의 세계와 소천국토 미진수의 세계와 중천국토 미진수의 세계와 삼천대천국토 미진수의 세계와 내지 말할 수 없이 말할 수 없는 부처님 세계 미진수의 세계 중에 있는 바 일체 성문이나 독각이라도 나의 음식을 먹으면, 모두 성문이나 벽지불과를 증득하여 가장 마지막 몸에 머무릅니다.

동방과 같아서 남방과 서방과 북방과 네 간방과 상방과 하방도 또한 이와 같습니다.

또 선남자여, 동방의 한 세계와 내
지 말할 수 없이 말할 수 없는 부처
님 세계 미진수의 세계 중에 있는 바
일생보처 보살이 나의 음식을 먹으
면, 모두 보리수 아래 도량에 앉아
마군을 항복 받고 아뇩다라삼먁삼
보리를 이룹니다.

동방과 같아서 남방과 서방과 북
방과 네 간방과 상방과 하방도 또한
이와 같습니다.

선남자여, 그대는 나의 이 십천 동
녀들과 권속들을 보았습니까?”

대답하였다. "이미 보았습니다."

우바이가 말하였다.

"선남자여, 이 십천 동녀들이 상수가 되어 이와 같은 백만 아승지 권속들이 모두 다 나와 더불어 행이 같으며, 원이 같으며, 선근이 같으며, 벗어나는 길이 같으며, 청정한 이해가 같으며, 청정한 생각이 같으며, 청정한 갈래가 같으며, 한량없는 깨달음이 같으며, 모든 근을 얻음이 같으며, 광대한 마음이 같습니다.

행하는 바 경계가 같으며, 이치가

같으며, 뜻이 같으며, 분명히 아는 법
이 같으며, 깨끗한 색상이 같으며, 한
량없는 힘이 같으며, 최상의 정진이
같으며, 바른 법의 음성이 같으며,
부류를 따르는 음성이 같으며, 청정
하고 제일가는 음성이 같습니다.

한량없이 청정한 공덕을 찬탄함이
같으며, 청정한 업이 같으며, 청정한
과보가 같으며, 대자가 널리 두루하
여 일체를 구호함이 같으며, 대비가
널리 두루하여 중생을 성숙하게 함
이 같으며, 청정한 신업이 연을 따라

모여 일어나서 보는 자로 하여금 기쁘게 함이 같습니다.

청정한 구업이 세상의 말을 따라 법을 널리 펴서 교화함과 같으며, 일체 모든 부처님의 대중모임 도량에 나아감이 같으며, 일체 부처님 세계에 가서 모든 부처님께 공양올림이 같으며, 일체 법문을 능히 나타내 보임이 같으며, 보살의 청정한 행의 지위에 머무름이 같습니다.

선남자여, 이 십천 동녀들은 능히 이 그릇에 상품의 음식을 취하여 한

찰나 사이에 시방에 두루 가서 일체 마지막 몸의 보살과 성문과 독각에게 공양하며, 내지 모든 아귀들의 갈래에 두루 이르러 다 충족하게 합니다.

선남자여, 이 십천 동녀들은 나의 이 그릇으로 능히 천상 가운데 천신들의 음식을 충족하며, 내지 인간 가운데 사람들의 음식을 충족합니다.

선남자여, 또 잠깐만 기다리십시오. 그대가 마땅히 스스로 보게 될 것입니다."

이 말을 할 때에 선재가 곧 한량없는 중생들이 네 문으로 들어오는 것을 보니, 모두 우바이의 본래 서원으로 청한 것이었다.

이미 모여 옴에 자리를 펴서 앉게 하고, 그 구하는 바를 따라서 음식을 베풀어 주어 모두 충족하게 하였다.

선재에게 일러 말하였다.

"선남자여, 나는 오직 이 다함없는 복덕장 해탈문만 압니다. 저 모든 보살마하살들은 일체 공덕이 마치 큰 바다와 같아서 매우 깊어 다함이 없으며, 마치 허공과 같아서 광대하여 끝이 없습니다.

여의주와 같아서 중생의 서원을 채우며, 큰 마을과 같아서 구하는 바를 다 얻으며, 수미산과 같아서 온갖 보배를 두루 모으며, 마치 오묘한 창고와 같아서 법의 재물을 항상 쌓아 둡니다.

마치 밝은 등불과 같아서 모든 어두움을 깨뜨리며, 마치 높은 일산과 같아서 군생을 널리 덮어 줍니다. 그러나 내가 어떻게 그 공덕의 행을 능히 알며 능히 말하겠습니까?

선남자여, 남방에 성이 있으니 이름이 '대흥'이고, 거기에 거사가 있으니 이름이 '명지'입니다. 그대는 그에게 가서 '보살이 어떻게 보살행을 배우며 보살도를 닦습니까?'라고 물으십시오."

그때에 선재 동자가 그 발에 정례하고 한량없이 돌며 싫어함 없이 우러러보며 하직하고 떠났다.

이때에 선재 동자가 다함없는 장엄한 복덕장 해탈의 광명을 얻고는 저 복덕의 큰 바다를 사유하며, 저 복덕의 허공을 관찰하며, 저 복덕의 마을에 나아가며, 저 복덕의 산에 오르며, 저 복덕의 창고를 거두며, 저 복덕의 못에 들어가며, 저 복덕의 못에 노닐며, 저 복덕의 바퀴를 깨끗이 하며, 저 복덕의 창고를 보며, 저 복덕의 문에 들어가며, 저 복덕의 길에 다니며, 저 복덕의 종자를 닦으며 점차 걸어갔다.

대흥성에 이르러 명지 거사를 두루 찾았다. 선지식에게 마음이 우러러 존경함을 내며, 선지식으로 그 마음을 훈습하며, 선지식에게 뜻을 견고히 하고자 하며, 방편으로 모든 선지식을 친견하기를 구하여 마음이 물러나지 않으며, 모든 선지식을 받들어 섬기기를 서원하여 마음이 게으름이 없었다.

선지식을 의지함을 말미암은 까닭으로 능히 온갖 선을 채움을 알며, 선지식을 의지함을 말미암은 까닭으로 능히 온갖 복을 냄을 알며, 선지식을 의지함을 말미암은 까닭으로 능히 온갖 행을 기름을 알며, 선지식을 의지함을 말미암은 까닭으로 다른 이의 가르침을 말미암지 않고 스스로 능히 일체 선우를 받들어 섬김을 알았다.

이와 같이 사유할 때에 그 선근을 자라게 하며, 그 깊은 마음을 깨끗이 하며, 그 근의 성품을 늘게 하며, 그 덕의 근본을 더하게 하며, 그 큰 서원을 더하며, 그 대비를 넓게 하며, 일체지에 가까이하며, 보현의 도를 갖추며, 일체 모든 부처님의 바른 법을 밝게 비추며, 여래의 십력의 광명을 증장하였다.

이때에 선재는 그 거사가 그 성내 시의 네거리 칠보대 위에서 수없는 보배로 장엄한 자리에 앉아 있음을 보았다.

그 자리가 미묘하게 아름다워 청정한 마니로 그 몸통이 되고, 금강 제청으로 그 다리가 되었다. 보배 끈으로 서로 얽고, 오백 가지 미묘한 보배로 장식하며, 하늘 보배 옷을 깔고, 하늘 깃대와 깃발을 세우며, 큰 보배 그물을 덮고, 큰 보배 휘장을 치며, 염부단금으로 그 일산을 만들고, 비유리보배로 그 장대가 되어 사람들로 하여금 잡게 하고 그 위를 덮었다.

청정하고 깨끗하게 장엄한 거위 왕의 깃으로 그 부채를 삼았으며, 온갖 미묘한 향을 풍기고, 온갖 하늘 꽃을 비내리며, 좌우에서는 오백 가지 음악을 항상 연주하되 그 소리의 아름

담고 미묘함이 하늘 음악보다 뛰어
나서 듣는 중생들이 기뻐하지 아니
함이 없었다.

십천 권속들이 앞뒤로 둘러쌌는데
색상이 단엄하여 사람들이 즐겁게
보는 바이며, 천상의 장엄거리로 장
엄하게 꾸며서 천상과 인간 가운데
가장 수승하여 비길 데 없으며, 보살
의 뜻과 욕망을 모두 이미 성취하여
다 거사와 더불어 옛적의 선근이 같
음이라, 시위하고 서서 우러러 대하
여 그 가르침을 받들었다.

그때에 선재가 그 발에 정례하며 한량없이 돌고 합장하고 서서 여쭈었다.

"성자시여, 저는 일체 중생을 이익하게 하기 위한 까닭이며, 일체 중생이 모든 고난에서 벗어나게 하기 위한 까닭이며, 일체 중생이 끝까지 안락하게 하기 위한 까닭이며, 일체 중생이 생사바다에서 벗어나게 하기 위한 까닭이며, 일체 중생이 법의 보배 섬에 머무르게 하기 위한 까닭입니다.

일체 중생이 갈애의 강물을 말리게 하기 위한 까닭이며, 일체 중생이 큰 자비를 일으키게 하기 위한 까닭이며, 일체 중생이 애욕을 버려 여의게 하기 위한 까닭이며, 일체 중생이 부처님의 지혜를 우러러 존경하게 하기 위한 까닭이며, 일체 중생이 생사의 광야에서 벗어나게 하기 위한 까닭입니다.

일체 중생이 모든 부처님의 공덕을 좋아하게 하기 위한 까닭이며, 일체 중생이 삼계의 성에서 벗어나게 하기 위한 까닭이며, 일체 중생이 일체지의 성에 들어가게 하기 위한 까닭으로 아뇩다라삼먁삼보리심을 내었습니다. 그러나 보살이 어떻게 보살행을 배우며 어떻게 보살도를 닦아서, 능히 일체 중생을 위하여 의지할 곳을 지을지를 알지 못합니다."

거사가 말하였다.

"훌륭하고, 훌륭합니다. 선남자여, 그대가 이에 능히 아뇩다라삼먁삼보리심을 내었습니다.

　　선남자여, 아뇩다라삼먁삼보리심을 낸 이런 사람은 만나기 어렵습니다.

　　만약 능히 발심하면 이 사람은 곧 능히 보살행을 구하여 선지식을 만나되 항상 만족해 싫어함이 없으며, 선지식을 친근하되 항상 고달프지 않으며, 선지식에게 공양올리되 항상 피로해하거나 게으르지 않으며, 선지식을 시중들되 근심을 내지 않으며, 선지식을 찾되 마침내 물러나지 않을 것입니다.

　　선지식을 사모하여 생각하되 마침

내 놓아버리지 않으며, 선지식을 받들어 섬기되 잠깐도 쉬지 않으며, 선지식을 우러러보되 잠시도 그치지 않으며, 선지식의 가르침을 행하되 일찍이 게으르지 않으며, 선지식의 마음을 받들어서 잘못되어 잃어버림이 없을 것입니다.

선남자여, 그대는 나의 이 대중모임의 사람들을 보았습니까?"

선재가 대답하였다.

"예, 이미 보았습니다."

거사가 말하였다.

"선남자여, 나는 이미 그들이 아뇩다라삼먁삼보리심을 내어 여래가에 태어나서 흰 법을 증장하며, 한량없는 모든 바라밀에 편안히 머물러 부처님의 십력을 배우며, 세간의 종자를 버리고 여래의 종성에 머물러 생사의 바퀴를 버리고 바른 법륜을 굴리며, 세 가지 나쁜 갈래를 없애고 바른 법 갈래에 머무르며, 모든 보살들과 같이 일체 중생을 모두 능히 구호하였습니다.

선남자여, 나는 뜻 따라 복덕을 내

는 창고 해탈문을 얻어서 무릇 필요
한 것이 있으면 그 원을 모두 만족합
니다.

이른바 의복과 영락과 코끼리와 말
과 수레와 꽃과 향과 깃대와 일산과
음식과 탕약과 방사와 집과 평상과
등불과 노비와 소와 양과 그리고 모
든 시종들입니다.

이와 같이 일체 살림살이의 물건을
모든 필요한 것이 있으면 다 충만하
게 하며, 내지 진실하고 미묘한 법을
설합니다.

선남자여, 또 잠깐만 기다리십시
오. 그대가 마땅히 스스로 보게 될
것입니다."

이 말을 할 때에 한량없는 중생들
이 갖가지 방소와 갖가지 세계와 갖
가지 국토와 갖가지 성읍을 따라 형
상과 종류가 각각 다르고 애욕이 같
지 않으나, 모두 보살의 지난 옛적 서
원의 힘으로 그 수효가 가없이 함께
모여 와서 각각 바라는 바를 따라 구
하여 청하였다.

그때에 거사가 대중이 널리 모인

것을 알고 잠깐 생각을 모아서 허공을 우러러보니, 그 구하는 바와 같이 모두 허공에서 내려와 일체 모인 대중들이 널리 다 만족한 뒤에, 다시 갖가지 법을 설하였다.

이른바 맛있는 음식을 얻어 충족한 자를 위하여 갖가지 복덕을 모으는 행과, 빈궁을 여의는 행과, 모든 법을 아는 행과, 법으로 기쁘고 선정으로 즐거운 음식을 성취하는 행과, 모든 상호를 닦아 익히어 구족하는 행과, 굴복하기 어려움을 증장하여 성취하는 행과, 위없는 음식을 잘 능히 밝게 통달하는 행과, 다함없는 큰 위덕의 힘을 성취하여 마와 원수를 항복받는 행을 설하여 주었다.

좋은 음료를 얻어 충족한 자를 위하여 그에게 법을 설해 주어, 생사에 애착을 버려 여의고 부처님 법의 맛에 들어가게 하였다.

갖가지 모든 상품의 맛을 얻은 자를 위하여 그에게 법을 설해 주어, 다 모든 부처님 여래의 상품의 맛의 모양을 얻게 하였다.

수레를 얻어 충족한 자를 위하여
그에게 갖가지 법문을 설해 주어, 다
마하연의 수레를 타게 하였다.

의복을 얻어 충족한 자를 위하여
그에게 법을 설해 주어, 청정한 부끄
러움의 옷과 내지 여래의 청정하고
미묘한 모습을 얻게 하였다.

이와 같이 일체를 두루 넉넉하지
않음이 없게 한 뒤에 모두 마땅함과
같이 법을 설하니, 이미 법을 듣고는
본래의 처소로 돌아갔다.

그때에 거사가 선재 동자를 위하여 보살의 불가사의한 해탈의 경계를 나타내 보이고 나서 일러 말하였다.

"선남자여, 나는 오직 이 뜻 따라 복덕을 내는 창고 해탈문만 압니다. 저 모든 보살마하살들은 보배 손을 성취하여 일체 시방의 국토를 두루 덮어서, 자재한 힘으로 일체 살림살이의 도구를 널리 비내립니다.

이른바 갖가지 색의 보배와, 갖가지 색의 영락과, 갖가지 색의 보배관과, 갖가지 색의 의복과, 갖가지 색의 음악과, 갖가지 색의 꽃과, 갖가지 색의 향과, 갖가지 색의 가루향과, 갖가지 색의 사르는 향과, 갖가지 색의 보배 일산과, 갖가지 색의 깃대와 깃발을 비내려 일체 중생의 머무르는 곳과 모든 여래의 대중모임 도량에 두루 가득하게 하여, 혹은 일체 중생을 성숙시키며 혹은 일체 모든 부처님께 공양올립니다. 그러나 내가 어떻게 그 모든 공덕과 자재한 위신력을 능히 알며 능히 말하겠습니까?

선남자여, 여기서 남방에 한 큰 성이 있으니 이름이 '사자궁'이고, 거기에 장자가 있으니 이름이 '법보계'입니다.

그대는 그에게 가서 '보살이 어떻게 보살행을 배우며 보살도를 닦습니까?'라고 물으십시오."

그때에 선재 동자가 기뻐 높이 뛰며 공경하고 존중하여 제자의 예와 같이 해서 이런 생각을 하였다.

'이 거사가 나를 호념함을 말미암아 내가 일체지의 도를 보게 하였다.

선지식을 좋아하고 생각하는 견해를 끊지 아니하며, 선지식을 존중하는 마음을 무너뜨리지 아니하며, 항상 선지식의 가르침을 능히 따르며, 결정코 선지식의 말씀을 깊이 믿으며, 항상 깊은 마음을 내어 선지식을 섬기리라'고 하면서, 그 발에 정례하고 한량없이 돌며 은근히 우러러보면서 하직하고 떠났다.

<대방광불화엄경 제65권>

아차보현수승행
무변승복개회향
보원침익제중생
속왕무량광불찰

시방삼세일체불
제존보살마하살
마하반야바라밀

我此普賢殊勝行
無邊勝福皆迴向
普願沈溺諸衆生
速往無量光佛刹

十方三世一切佛
諸尊菩薩摩訶薩
摩訶般若波羅蜜

大方廣佛華嚴經 — 부록

대방광불화엄경 목차

간행사

대방광불화엄경
목차

〈제1회〉

제1권　제1품　세주묘엄품 [1]

제2권　제1품　세주묘엄품 [2]

제3권　제1품　세주묘엄품 [3]

제4권　제1품　세주묘엄품 [4]

제5권　제1품　세주묘엄품 [5]

제6권　제2품　여래현상품

제7권　제3품　보현삼매품

　　　　제4품　세계성취품

제8권　제5품　화장세계품 [1]

제9권　제5품　화장세계품 [2]

제10권　제5품　화장세계품 [3]

제11권　제6품　비로자나품

〈제2회〉

제12권　제7품　여래명호품

　　　　제8품　사성제품

제13권　제9품　광명각품

　　　　제10품　보살문명품

제14권　제11품　정행품

　　　　제12품　현수품 [1]

제15권　제12품　현수품 [2]

〈제3회〉

제16권　제13품　승수미산정품

　　　　제14품　수미정상게찬품

　　　　제15품　십주품

제17권　제16품　범행품

　　　　제17품　초발심공덕품

제18권　제18품　명법품

〈제4회〉

제19권　제19품　승야마천궁품

　　　　제20품　야마궁중게찬품

　　　　제21품　십행품 [1]

제20권　제21품　십행품 [2]

제21권　제22품　십무진장품

〈제5회〉

제22권　제23품　승도솔천궁품

제23권　제24품　도솔궁중게찬품

　　　　제25품　십회향품 [1]

제24권　제25품　십회향품 [2]

제25권　제25품　십회향품 [3]

제26권　제25품　십회향품 [4]

제27권　제25품　십회향품 [5]

제28권　제25품　십회향품 [6]

제29권　제25품　십회향품 [7]

제30권　제25품　십회향품 [8]

제31권　제25품　십회향품 [9]

제32권　제25품　십회향품 [10]

제33권　제25품　십회향품 [11]

〈제6회〉

제34권　제26품　십지품 [1]

제35권　제26품　십지품 [2]

제36권　제26품　십지품 [3]

제37권　제26품　십지품 [4]

제38권　제26품　십지품 [5]

제39권　제26품　십지품 [6]

〈제7회〉

제40권　제27품　십정품 [1]

제41권　제27품　십정품 [2]

제42권　제27품　십정품 [3]

제43권　제27품　십정품 [4]

제44권　제28품　십통품

　　　　제29품　십인품

제45권　제30품　아승지품

　　　　제31품　수량품

　　　　제32품　제보살주처품

제46권　제33품　불부사의법품 [1]

제47권　제33품　불부사의법품 [2]

제48권　제34품　여래십신상해품

　　　　제35품　여래수호광명공덕품

제49권　제36품　보현행품

제50권　제37품　여래출현품 [1]

제51권　제37품　여래출현품 [2]

제52권　제37품　여래출현품 [3]

〈제8회〉

제53권　제38품　이세간품 [1]

제54권　제38품　이세간품 [2]

제55권　제38품　이세간품 [3]

제56권　제38품　이세간품 [4]

제57권　제38품　이세간품 [5]

제58권　제38품　이세간품 [6]

제59권　제38품　이세간품 [7]

〈제9회〉

제60권　제39품　입법계품 [1]

제61권　제39품　입법계품 [2]

제62권　제39품　입법계품 [3]

제63권　제39품　입법계품 [4]

제64권　제39품　입법계품 [5]

제65권　제39품　입법계품 [6]

제66권　제39품　입법계품 [7]

제67권　제39품　입법계품 [8]

제68권　제39품　입법계품 [9]

제69권　제39품　입법계품 [10]

제70권　제39품　입법계품 [11]

제71권　제39품　입법계품 [12]

제72권　제39품　입법계품 [13]

제73권　제39품　입법계품 [14]

제74권　제39품　입법계품 [15]

제75권　제39품　입법계품 [16]

제76권　제39품　입법계품 [17]

제77권　제39품　입법계품 [18]

제78권　제39품　입법계품 [19]

제79권　제39품　입법계품 [20]

제80권　제39품　입법계품 [21]

간 행 사

　귀의삼보 하옵고,

『대방광불화엄경』의 수지 독송과 유통을 발원하면서 수미정사 불전연구원에서 『독송본 한문·한글역 대방광불화엄경』과 『사경본 한글역 대방광불화엄경』을 편찬하여 간행하게 되었습니다.

『화엄경』은 우리나라에 전래된 이래 일찍부터 사경되고 주석·강설되어 왔으며 근현대에 이르러서는 『화엄경』의 한글 번역과 연구도 부쩍 많이 이루어졌습니다. 그만큼 『화엄경』이 우리 불자님들의 신행과 해탈에 큰 의지처가 되었던 것임을 알 수 있습니다.

『화엄경』을 독송하고 사경하는 공덕은 설법 공덕과 함께 크게 강조되어 왔습니다. 그리하여 수미정사 불전연구원에서도 『화엄경』(80권)을 독송하고 사경하는 데 도움이 되도록 한문 원문과 한글역을 함께 수록한 독송본과 한글역의 사경본 『화엄경』 간행불사를 발원하였습니다. 이 『화엄경』 간행불사에 뜻을 같이하여 적극 후원해주신 스님들과 재가 불자님들께 깊이 감사드립니다. 또한 『화엄경』을 수지 독송할 수 있도록 경책의 모습으로 장엄해 주신 편집위원들과 담앤북스 출판사 관계자들께도 고마움을 표합니다.

　끝으로 이 불사의 원만 회향으로 『화엄경』이 널리 유통되고, 온 법계에 부처님의 가피가 충만하시길 기원드립니다.

　나무 대방광불화엄경

불기 2564년 '부처님오신날'을 봉축하며

수미해주 합장

위태천신(동진보살)

수미해주 須彌海住

호거산 운문사에서 성관 스님을 은사로 출가, 석암 대화상을 계사로 사미니계 수계, 월하 전계사를 계사로 비구니계 수계, 계룡산 동학사 전문강원 졸업, 동국대학교 불교대학 및 동 대학원 졸업, 철학박사, 가산지관 대종사에게서 전강, 동국대학교 불교대학 교수, 동학승가대학 학장 및 화엄학림 학림장, 중앙승가대학교 법인이사 역임.
(현) 수미정사 주지, 동국대학교 명예교수.
저·역서로 『의상화엄사상사연구』, 『화엄의 세계』, 『정선 원효』, 『정선 화엄 1』, 『정선 지눌』, 『법계도기총수록』, 『해주스님의 법성게 강설』 등 다수.

사경본 한글역
대방광불화엄경 제65권

| 초판 1쇄 발행_ 2026년 3월 10일

| 엮 은 이_ 수미해주
| 엮 은 곳_ 수미정사 불전연구원
| 편집위원_ 해주 수정 경진 선초 정천 석도 박보람 최원섭
| 편 집 보_ 무이 무진 지욱 혜명

| 펴 낸 이_ 오세룡
| 펴 낸 곳_ 담앤북스
　　　　　서울특별시 종로구 새문안로3길 23 경희궁의 아침 4단지 805호
　　　　　대표전화 02)765-1251　전자우편 dhamenbooks@naver.com
　　　　　출판등록 제300-2011-115호
| ISBN_ 979-11-6201-573-5　04220